개나리꽃이 피었습니다

리토피아포에지 · 12
개나리꽃이 피었습니다

인쇄 2010. 6. 1 발행 2010. 6. 5
지은이 장종권 펴낸이 정기옥
펴낸곳 리토피아
출판등록 2006. 6. 15. 제2006-12호
주소 402-013 인천 남구 숭의3동 120-1
전화 032-883-5356 전송032-891-5356
홈페이지 www.litopia21.com 전자우편 litopia@hanmail.net

ISBN-978-89-6412-011-8 03810

값 9,000원

장종권 시집

개나리꽃이 피었습니다

LITOPIA
LITERATURE & UTOPIA

서시

척, 보면 산인데,
조금 다가가면 숲이다.
한 발 더 다가가면 나무들의 마을이고,
아예 바짝 다가가면 온갖 풀들의 세상이다.
그 풀들 헤짚으면 벌레들의 세상이 또 있다.
다시 물러서면 풀들의 세상,
더 물러서면 나무들의 마을,
더 밀리 물러서면 숲,
척, 보면 산이다.

2010년 5월
장종권

차례

제1부 호박꽃나라

제2부 상사화

제3부 미루나무

제4부 존재세

해설/고명철

| 제1부 |

호박꽃나라

개나리꽃이 피었습니다 · 1

춘삼월에 개나리꽃이 피었습니다.

오뉴월에도 개나리꽃이 피었습니다.
한여름에도 개나리꽃이 피었습니다.
중추절에도 개나리꽃이 피었습니다.
동지섣달에도 개나리꽃이 피었습니다.

그녀는 세상의 꽃이란 꽃은 모두
개나리꽃이라고 말합니다.
개나리, 개나리꽃이,
꽃이 활짝 피었다는 것입니다.

눈이 참 예쁩니다.
마음도 참말로 따뜻합니다.

천지간에 개나리꽃이 활짝 피었습니다.

개나리꽃이 피었습니다 · 2

개나리꽃이 피었습니다.
개나소나리꽃이 피었습니다.
개나소나돼지나리꽃이 피었습니다.

떨어진 꽃잎을 깔고 앉아 소주병을 깝니다.
머릿속으로 어둠이 자꾸 밀려옵니다.
어둠에 밀리는 어둠이 힘에 겹습니다.

하얀 꽃은 어둠 속에서 더 하얄까를 생각합니다.
노란 꽃은 어둠 속에서 더 노랄까를 생각합니다.
어둠은 어둠 속에서 무슨 빛깔일까를 생각합니다.

개 나리꽃이 피었습니다.
개소 나리꽃이 피었습니다.
개소돼지 나리꽃이 피었습니다.

호박꽃나라 · 1

호박꽃은 저마다의 이름이 없다
기껏해야 호박이라는 동네 이름 정도다
사람으로 치면 성만 가지고 살아가는 것이다
호박꽃들은 저마다의 모양도 비슷하고
향기도 비슷하고 크기도 비슷하다
소리가 있다면 그것도 비슷할 것이다
사람들의 생각이다
그러니 텃밭머리에 피는 호박꽃을
무어라 달리 이름 부르고
담장을 기어오르는 호박꽃을
무어라 달리 이름 부를 이유도 없고
의미도 없다 그냥 호박꽃일 뿐이다
사람들의 생각이다
그래서 호박꽃 개개의 존재들과
굳이 대화를 할 일도 없고
어느 호박꽃 한 송이를

특별하게 사랑할 이유도 없다
어디에 핀 호박꽃이든 보기에 좋으면 그만이다
사람들의 생각이다
아직 호박꽃에게 물어보지는 못했다
아직 벌들에게 물어보지도 못했다
신도 우리에게 아마 이럴 것이다

호박꽃나라 · 2

호박꽃 얼굴마다 이름이 있다면
자연히 호박꽃 순이도 있을 것이고
자연히 호박꽃 철이도 있을 것이다.

이 가을 다 닳도록
미치게 햇빛 바르는
토담 아래

호박꽃 순이는 참 좋겠다
호박꽃 철이는 참 좋겠다
둘이서 둘이서
무더기 속에 둘이서

호박꽃나라 · 3

붉은 고추 갈아 거름으로 주었더니
호박꽃이 빨갛게 피었다.
놀란 가슴이 죄를 지은 듯 노란 얼굴이 된다.
세상에 어쩌자고 저것이 빨간 꽃을 피워.
부끄러워 부끄러워 얼굴을 들 수가 없어.
올해도 풍년이 든 호박꽃 나라.
가을이 노란색이든 붉은 색이든 무슨 상관이랴.
본색을 바꾸고 모조리 뻐꾸기가 되어도
해는 떴다가 지고 바람은 불고,
지구는 떼굴떼굴 잘도 구른다.
아무도 어지럽지 않아 아무도 제 눈깔이 아니야.
아무도 산 목숨이 아니야, 제기럴.
빨간 호박꽃 갈아부셔 거름을 주어도
노란 고추는 주렁주렁 잘도 열린다

호박꽃나라 · 4

호박꽃은 똥오줌밭에서 큰다
호박 같은 순이는 똥오줌을 먹고 자란 셈이다
시골의 똥통은 냄새도 향기롭다
똥파리들도 정작 힘을 쓰지 못한다
순이가 보듬어안고 주물럭거리기 때문이다

도시의 담장에는 호박꽃을 키우지 않는다
그래서 똥이 밥인 순이는 이곳에 없다
도시의 똥통은 냄새도 다르다
똥파리들의 신명이 나는 천국이다.
호박꽃도 순이도 없는 외로움 탓이다

호박꽃이 없어도 세상은 흘러간다
순이가 없어도 사람들은 즐겁다
미래는 콧노래 부르며 가고 있으며
환타지에 미친 도시에는 밤이 오지 않는다.

호박꽃나라 · 5

호박꽃은 꽃이 아닙니다.
호박꽃이 꽃이면 다른 모든 꽃들이 꽃이 아닙니다.
호박꽃은 꽃이 아닙니다.
호박꽃이 꽃이면 꽃이라는 이름이 서럽습니다.
호박꽃은 꽃이 아닙니다.
호박꽃이 꽃이면 바람은 눈먼 장님입니다.

호박꽃은 호박이어도 그만입니다.
꽃의 이름을 떼어내도 서럽지 않습니다.
바람이 찾지 않아도 외롭지 않습니다.
모든 꽃들이 얼굴을 돌려도 밉지 않습니다.
호박꽃은 혼자 너털거려도 온종일 즐겁습니다.
호박꽃은 똥오줌 밭에서도 기세가 당당합니다.

호박꽃이 꽃이라면
부끄러운 꽃들이 사실은 많습니다.

호박꽃이 펑퍼짐한 엉덩짝으로 철퍼덕 주저앉으면

이처럼 평화로운 세상이 온 땅덩어리에 펴지는 줄 알게 됩니다.

다시 꽃

꽃이 지면
절정의 호시절도 간다.

수없이 피었다가 지는 꽃들은
모두가 하나의 꽃이 아니다.

꽃이 꽃을 사랑하는 이유이다.
우주와 우주가 만나는 이유이다.

수없이 피었다가 지는 꽃
수없이 생겼다가 사라지는 우주

꽃 진 자리에 다시 피는 그리움도
꽃은 꽃이어서 한껏 피면 곱기는 하다.

호박꽃이야기 · 1

세상에는 꼭 황금종이 있어야 한다고
죽기 전에 꼭 황금종을 만들고야 말겠다던
그는 죽어서도 기어이 황금종의 꿈을 꾸었다는데

부처님도 포기한 세상 그는 끝까지 놓지 않아
그 꿈 핑계 삼아 다시 세상에 왔다는데
꿈꾸던 황금종은 어디에도 보이지 않아

기진하여 주저앉은 그의 이마빼기에 꽂힌 꽃
뿌리 끝에 만들다 만 그의 황금종을 매달고
황금종 소리를 내고 있었네 노오란 호박꽃

황금종이 주렁주렁 황금 소리 출렁출렁
그 소리 천하에 울려 퍼져 온 세상은 황금빛
빛깔 좋은 호박꽃 세상은 그렇게 시작되었다네.

*호박 원산지인 인도에 호박꽃에 관한 전설이 있습니다.

호박꽃이야기 · 2

호박이 넝쿨 째 굴러들어옵니다.
애호박 청둥호박 늙은 호박이 줄줄이 떼굴떼굴 굴러들어 옵니다.
대문도 밀어젖히고 문지방도 폴폴 넘어 안방까지 굴러들어 옵니다.

햇살이 어머니 손 같은 한낮입니다
호박잎에 묻은 바람이 좋아라 폴짝폴작 뜁니다.
입이 함지박 만하게 벌어진 할머니가 호박들을 챙깁니다.

호박을 밀어올리는 두엄냄새가 향기롭습니다.
놀란 벌나비들이 떼를 지어 따라들어 옵니다.
똥개도 마당에서 컹컹거리며 춤을 춥니다.

그녀가 빗속에서 울고 있던 밤의 꿈입니다.
손을 잡아줄 수 없는 거울 속에 그녀는 등 돌리고 서있습니다..

가녀리게 떨리는 등이 그녀라고 생각한 탓도 있습니다.

그녀를 위해 사시사철 호박꽃을 피워야 합니다.

그녀를 위해 하루 종일 호박덩어리를 굴려야 합니다.

그녀를 위해 넝쿨마다 수 백 개의 호박을 매달아야 합니다.

호박꽃이야기 · 3

그녀의 이야기는 노란 빛깔입니다.
호박이 넝쿨 채 구르던 그 밤 흔적도 없이 사라진
한 남자의 가슴 속에 덩어리 덩어리로 들어앉은

호박덩어리 만한 달이 훌러덩 떠오른 밤에
달덩어리만 한 호박들이 때굴때굴 구르던 밤에
잠 못 이루던 그도 온밤을 넝쿨 따라 달렸다는데

비가 오는 날에도 달덩어리는 떠오릅니다.
눈이 오는 날에도 달덩어리는 떠오릅니다.
햇살 쏟아지는 날에 호박덩어리 여물어가듯이
달덩어리는 언제나 떠올라 얼굴을 단장합니다.

그녀의 이야기는 노오란 빛깔입니다.
황금빛이기도 하고 똥 빛깔이기도 합니다.
이 땅의 모든 그들의 가슴에 깊숙이 안겨 있으면서도

머나먼 우주로 보이지 않는 어둠 속으로만
목을 매고 달려가는 그들의 신호를 읽습니다

봄은 불려온다

달덩어리 하나에 수만 송이의 목련이 피어있다.
달덩어리 부서지며 수만 송이의 목련이 부서진다.
부서져 빛나는 하늘로 하늘하늘 춤추며 간다.

목련꽃 한 송이에 수 만 개의 달덩어리 걸려있다.
목련꽃 떨어지며 수만 개의 달덩어리 산산이 흩어진다.
흩어져 융단 같은 봄 꽃밭에 별처럼 드러눕는다.

사랑하는 마음이 봄을 불러오는 중이다.
목련꽃 흐드러지게 피우고 달덩어리 띄우며
오려하지 않는 봄을 온몸으로 유혹하는 중이다.

말하지 마라. 몸으로 부르는 찬란한 유혹의 노래가
목련꽃 깨우고 달덩어리 흔들어 세상을 일으킨다.
속으로 뭉쳤다가 밖으로 일시에 폭발하는 몸의 우주.

꽃비 내리던 날

겨울의 끝자락에 묻어서 꽃비가 내립니다.
겨울이 다 가지를 못하고 망설이는 풍경입니다.
온다는 봄은 이상한 곳으로 끌려갔습니다.
백령도 앞바다에 꽃비가 내립니다.
가슴을 가르면서 주룩주룩 내립니다.
꽃으로 비를 만드시는 거룩한 솜씨
꽃이 비처럼 내리는 거룩한 밤에
향기로운 꽃비 맞으며 파도도 제 정신이 아닙니다.
누구를 위해 꽃은 피던가요.
봄이 오면 꽃은 지는가요.
상렬하게 꽃비가 내립니다
숨 쉴 틈도 주지 않고 쏟아져 내립니다.

박꽃 이야기 · 1

제주의 하얀 박꽃 이야기를 들어보신 적 있나요.
속알맹이 세상에 모두 꺼내주고 껍데기만 갖고 산다는
그래도 적당히 강하여 아직은 산 목숨이라는

살모사가 무서워 똥돼지를 길렀다는 허구헌 날
돌무더기에 싸지른 비릿한 똥꽃이나 바라보다가
살금살금 뭍으로 달아나는 저 살모사들 다 놓쳤다는

4.3으로 천년이나 앞질러 썩어버린 그녀의 자궁 속속들이
긁어대는 호밋날에서도 비릿한 향기가 당연히 천년이나 날릴 것이라는
결코 속 보이지 않는 항아리 머리 들이밀어도 끝내 어둠이라는
그 어둠 속에 기막힌 바람이 속도 없이 미친 듯이 나댄다는
비행기 뜰 때마다 사내아이 똥 누는 일처럼 쏟아낸다는
그래서 가슴에 눌러붙은 핏덩어리들 밤새 풀어져

백록담 썩은 연못 위로 날아가 신선의 살비듬이 되었다는

그 여자의, 그 허망한 옷고름의,
그 다리 후들거리는 기억과 기억들의
그, 그, 참말로 생각사록 가슴이 무너져 내리는
제주의 하얀 박꽃 이야기를 들으셨나요

부끄럽게도 천지간에 피어
도무지 숨길래야 숨길 수 없다는
그래서 대한민국의 산 목숨들은 모름지기
제주의 박꽃으로부터 시작이 되었다는

박꽃 이야기 · 2

박꽃은 밤에 피기도 하는 모양입니다.
모두가 잠든 한밤중에 홀로 달빛을 즐기는 것이지요.
나 혼자 하는 이야기가 정말 시입니다.
세상은 혼잣말을 포기해서 시끄럽기 짝이 없고
박꽃은 혼자서도 잘 이야기하니 밤은 고요합니다.
그래서 박꽃만한 시인이 드물다는 것이지요.

혼잣말을 들어보면 대개는 이렇습니다.
어디에 있어도 그리움이 있으면 살 만하다.
몸은 맘, 맘 먹은 대로 몸은 이승 저승을 넘나든다.
사실은 거짓말입니다. 박꽃의 말은 아무도 듣지 못합니다.
빛나는 달빛도 명석한 하늘조차도 언제나 바보입니다.
그래서 박꽃은 혼자 피어 혼자 시를 쓰면서 천 년을
하얀 게지요.

박꽃 이야기 · 3

항아리 만한 가슴이나 산 만한 엉덩이나
크다 해도 박덩어리 만하겠습니까.
그 덩어리 세상 모두 덮을 만하고
죽어서도 세상 모두 담을 만하지요.
살아 어둠을 밝히는 뜨거운 달이다가
두둥실 떠 건너는 바다도 능라로구나.
어머니가 능히 그러셨습니다

문 열어라 문 열어라

떠나시기 전 장모님
부지런히 열두 대문을 여셨다.

문 열어라. 대문 하나 열리면
집 나간 손녀딸 들어서고
문 열어라. 대문 하나 열리면
십년 만에 먼 나라 둘째딸 들어서고
문 열어라. 대문 하나 열리면
삼년 송사 꿈인 듯 마무리 되고
문 열어라, 대문 하나 열리면
풍년 나락가마니 폭포처럼 쏟아지고
문 열어라, 대문 하나 열리면
돌아가신 장인 어르신도 불쑥 들어서시고
문 열어라, 대문 하나 열리면
그 옛날 부끄러운 당나귀 가마꾼도 들어서고
문 열어라, 대문 하나 열리면

당신의 하염없는 다듬이 소리도 들려오고

문 열어라. 문 열어라.
열두 대문 모두 활짝활짝 여신 장모님
귀 먹고 말 못하는 막내아들 손 붙잡고
팔순의 무거운 눈 내려감으시다

당신이 여신 열두 대문 다시는
열리지 말라 열리지 말라 빗장 지르시고는
휘파람 날리며 바람처럼 사라지시다

다시 가을, 또 가을

단풍잎이 꽃이더냐
저리 곱게 핏물이 드니 꽃빛이더냐

개복숭아나무 밑 썩은 담장 위에
널부러진 능사 껍질이거늘

무릎 꿇고 목을 꺾으며
참담하게 몸 비우는 굴복이거늘

단풍잎이 꽃이더냐
정상으로 치달리는 황홀한 꽃이더냐

너는 꽃빛만 보아도
가슴이 그리 출렁이더냐

| 제2부 |

상사화

상사화

보았다.
그대가 나를 무수히 흔들다가 아무렇게나 던지는 그때,
그대의 가슴에서 뻗어 나오는 독사의 길고 긴 혓바닥.

새

연변대학 교정에 우두커니 앉아있으니
새 한 마리 날아와 속삭입니다.
일어나라, 이제 집에 가자.

가만히 들여다보니
인천 구월동 내 집 앞 나뭇가지 위에서
매일 속삭이던 녀석입니다.
모습도 똑같고,
목소리도 똑같고,
속삭이는 말도 똑같습니다.

녀석이 나를 따라
서해바다를 건너고 만주 벌판을 가로지르거나,
휴전선을 훔치고 평양과 압록강, 혹은 두만강을 건너
예까지 온 것입니다.

일어나라, 이제 집에 가자.

녀석의 속삭임에 문득 몸 털고 일어납니다.

똥개

길고 긴 여름해가 마침내 기울고 마지막 지열이 몸살처럼 후끈거리는 시간. 한낮에 끌려간 똥개의 집에는 파리 두어 마리만 한가로이 날고, 그가 남긴 밥그릇만 뎅그라니 남아있다. 끌려가 아주 사라진 자의 유품은 어쩐지 슬프다. 그는 대대로 자자손손이 이 집을 지켜온 충복이었다. 뎅그라니, 뎅그라니, 뎅그렁, 뎅그렁, 뎅뎅, 멍멍멍, 으르렁, 멍멍. 그는 사라졌어도 밥그릇은 남았다. 생명보다 더 위대한 이 지저분한 밥그릇이여. 떠난 그는 밥그릇만도 못한 천한 생명임을 알지 못하고, 무엇이 그리도 소중하고 당당하여 평생 짖어댔을까. 으르렁거리는 그의 소리에 산천은 과연 떨었을까. 어쩌다 들른 밤손님은 떨었을까 오줌을 쌌을까. 밤은 떨었을까. 내내 사시나무 데불고. 밥그릇만 뎅그라니 남기고 이미 사라져 버린 똥개. 밥그릇에 무수한 타액만 남겨놓고, 그것이 다 마르기도 전에 황급히 떠난 똥개. 이 여름은 내년에 다시 오지만, 다시 못 오는 똥개. 아, 그러나 멍멍멍, 이 땅은 멍멍거리는 똥개로 아직도 가득하다. 떠나도떠나도 끝이 없이 몰려온다. 이 밤, 밤을 새우며 부질없이 짖고 있다.

똥개들의 반역

반역은 실패함으로써 성공한다.
반역의 십자가는 숨은 음모이다.
그리고 슬픈 유머이다.
모든 성자 역시 그렇게 떠나서
또 매양 같은 방식으로 돌아온 셈이다.
그래서 실패를 위한 우리들의 반역은
성공을 위해 아름다운 피를 흘리게 되고
피어서 겨우 알량한 꽃이 되었다.
껍데기로 핀 꽃이다.

죽음이 아니고서는 어떤 존재도 살아있지 못한다
실패함으로써 비로소 성공한다는 믿음은
성공은 실패의 얼굴로 꽃이 된다는 믿음과 같다.
어머니의 영원한 어머니는
딸의 영원한 딸이다.
꽃은 부러지도록 피었다가

다시 온몸으로 부서지며 부활한다.
드러나는 반역은
드러나지 않는 음모의 지순한 딸이다.

비몽사몽

어두운 도시의 골목길을 달리고 있었다.
누군가 끝없이 쫓아오기는 하지만
나는 꿈속에서도 항상 안전하다고 믿는다.
나는 꿈속에서 결코 죽는 일이 없었다.
나는 꿈속에서 결코 독사와 만나는 일이 없었다.
나는 내 꿈을 만들어간다고 스스로 믿는다.
잠을 자다가도 꿈을 만나면 나는 이성적이 된다.

한 번도 꿈속에서 만났던 여인을 다시 만나지 못했다.
언제나 주인공은 다른 얼굴이었으며 나는 조연이었다.
조연이 죽을 가능성은 주인공보다 확실히 많은 법이다.
그래서 그녀들 역시 절대로 죽는 법이 없.다
제발 죽어다오, 꿈 깬 아침에 꼭 그녀들의 얼굴을 그리고 싶다.
어두운 도시의 골목길을 정신없이 내달리다가
나는 나를 가로막는 여인의 치마폭에 자빠져버린다.

그녀는 보이지 않는 손으로 아름다운 매듭을 만들고 있다.

한 번 배워보세요 왜냐고 물었다.

그녀는 더 이상 입을 열지 않았다.

나는 그녀가 살려면 방법이 없다고 말할 거리고 믿었다.

매번 꿈속에서 나는 이 살려면이라는 단어와 만난다.

그녀가 말하지 않는, 결코 꿈속에서는 죽는 일이 없는,

나의 꿈은 어젯밤도 조작이 되어 위험하지 않았다.

나는 그녀들을 절대로 만나지 못할 것이다.

잡초

잡초를 제거하는 방법이 다양하게 발전해 온 이유는
당연히 이놈의 잡초가 대단한 말썽꾸러기이기 때문이다
예전에야 한꺼번에 불질러 태워버리기도 했을 것이고
하루 종일 낫질로 몽땅 잘라버리기도 했던 것인데
어딘가에선 고엽제로 씨를 말리기도 했던 것인데
잡초만 모가지를 조이는 독한 약도 만들었던 것인데
이런 기술의 발달이 아무리 잔혹하게 변해간다 하더라도
그 유구한 역사만큼이나 잡초들의 자생력도 강력해져서
도무지 어떻게 저것들을 이 땅에서 사라지게 해야 하는지
앞으로도 천 년 만 년 그것이 가능하기나 한 것인지
그래서 세상이 비단폭처럼 아름답게 변할 수나 있는
것인지

고민하는 저 고대광실 풍요한 잔디밭 한가운데
굼뱅이가 스멀스멀 기어다니고 있다

비밀번호

나는 여나믄 개의 아이디를 갖고 있다. 그러니까 비밀번호도 모두 여나믄 개인 셈이다. 내가 기억해야할 숫자의 조합도 그 이상이다. 그만큼 비밀번호도 따로 매달려있는 셈이다. 비밀번호는 나의 밥이고, 옷이고, 집이다. 비밀번호가 없으면 나도 존재하지 못한다. 컴퓨터도 열지 못한다. 돈도 꺼내지 못한다. 집에도 들어가지 못한다. 그녀를 만나지도 못한다. 그녀를 찾아가는 통로에도 어김없이 비밀번호가 기다리기 때문이다. 숫자가 그녀의 얼굴을 만든다. 숫자가 그녀의 목소리를 만든다. 숫자가 그녀의 향기를 내보낸다. 해서 비밀번호는 나의 목숨이고, 나의 미래이고 나의 그리움이다. 나는 비밀번호에 붙들린 셈이다. 나는 숫자들의 조합에 꼼짝 없이 갇혀버렸다. 하다보니 거꾸로 나 역시 그녀의 그리움 속에 하나의 비밀번호이거나, 하나의 숫자에 지나지는 않는지 궁금해져 버렸다. 뻔한 일이다

유혹의 본질

해는 아무 데서나 뜨고
꽃은 귀 먹고 눈 멀었다
땅은 썩어서 고약해지고
강은 멈추어 명상 중이다
살아야 하는 이유를 묻자
발길질이 답으로 온다

솔솔 부는 봄바람
쏟아지는 봄햇살이 무엇이더냐
그대라 했더니 유혹이 답이란다
그대의 눈은 그렇게 반짝였다
고혹적인 여인의 정체는
모든 생명의 의미가 답이다

해는 아무 데서나 떠도 뜨겁다
꽃은 귀 먹고 눈 멀어도 아름답다

땅은 썩어야 생명이 솟아나고
강은 반드시 기억해야할 것이 있다
살아야 하는 이유 있다 하여도
아무도 뜻대로 살지는 못한다

당분간 어느 간이역에 내려서
나 그대의 얼굴을 상상하며
쓸쓸한 엽서를 썼으면 좋겠네
나 떠난 후 빈 의자에 놓여있을
한 줄의 마른 문장 퍼덕거리다가
곧장 은하계로 날아가 언젠가는
소식을 선하리 모누 사라졌다는

소문유감

껑충한 옷차림의 그녀는
옷을 따라 자꾸 상승할 것만 같았는데
결코 상승하지는 못할 것이라는 느낌도 함께 주었었다
그러니까 참 불안하기도 하고 안타깝기도 하였는데
그러던 그녀가 어느날 땅바닥에 착 달라붙어 나타났다
소문을 들어보니 그녀가 마침내 어머니가 될 것이라는

자유롭게 하늘을 휘감아 날던 새도 한순간에
위험천만한 굼벵이가 되어 땅바닥을 기는 일이
언제든 어디서든 가능하다는 것이 세상의 일이고
사람의 일이라는 그녀의 껑충했던 이전의 모습과
오늘의 소문 사이에서도 하늘은 퍼렇고
땅은 여전히 누렇다

도우넛을 사랑한 뱀소년

어떤 아름다운 뱀소년이 논두렁에 버려진 도우넛을 사랑하였다. 향기도 묘한 것이 아가리를 떡, 하니 벌리고 서서 어서 오라 어서 오라 손짓하는 폼이 예뻐 죽을 지경이었다. 며칠을 근처에서 오락가락 탐색하던 뱀소년 드디어 도우넛을 정복하기로 마음먹었다. 에라 모르겠다. 머리부터 통째로 들이민 환희가 가시기도 전에 도우넛에 끼어서 몸뚱이 가눌 수가 없게 되었다. 아까부터 지켜보던 농군 하나가 미친 놈 침 뱉으며 작대기를 치켜들었다.

향기와 동물성

세상에서 가장 알싸한 향기가
세상에서 가장 야한 손을 훔치는 순간에는
세상의 눈이라는 눈, 입이라는 입은 모조리
허섭스레기에 지나지 않는다

당당하게 옷을 벗는 아산호의 딸들아
세상에서 가장 인간적인 것은 그대의
풀풀거리며 흩어지는 밥풀 같은 육체와
배고플수록 피어나는 모질고 독한 동물성이다

오르가즘

오르가즘보다 더 기쁜 일이 없도록 하였다.

이루어라. 하나가 둘이 되고, 둘은 셋이 되고,
셋은 다시 넷이 되고, 그래서 끝도 없이.
유한은 무한의 고개를 오르가즘으로 타고 넘나니

조물주도 마지못해 내어준 이 신비스러운 정체는
어떤 생명도 신과 다름이 없다는 뜻이렸다.

과학이 만들어가는 위대한 오르가즘은
세상을 바꾸어가는 신기한 장난이 되었다.
딧없어라. 조물주의 계산은 도무지 끝이 없구나.

하여도,
오르가즘보다 더 기쁜 일이 없도록 하여라.

메스

메스를 대자 피가 솟는다.
영혼이 잠들면 육체는 눈이 먼다.

그 뜨거웠던 반란과
열광하던 불꽃도 추억처럼 잠잔다.

현란하게 춤추는 독수리 발톱 아래에서
재생을 꿈꾸는 슬픈 몸뚱아리여,

이해할 수 없는 침묵으로
어이없이 침몰하는 사랑스러운 고깃덩어리여,

핵이 없는 과일

핵이 없는 과일은 씨가 없는 과일이다.
핵이 없는 과일은 먹어도 배가 부르지 않다.
먹음직스러운 풍요는 백치미의 환상이다.

핵이 없는 과일은 빛깔도 곱다.
핵이 없는 과일은 향기도 좋다.

핵이 없는 과일을 먹다가
극심한 구토증에 시달린다
살아진 것은 살아온 것도 아니므로
산 것도 아니고 생명도 아니다

마침내 그대는
씨가 없는 나를 떠날 것이다
기다렸던 꽃은 끝내 피지 않을 것이다

뿔 달린 들쥐 이야기

옛날옛날 한 옛날에 다람쥐만한 들쥐 한 마리가 살고 있었다. 천 년 묵은 소나무들이 즐비하게 늘어선 케케묵은 신라의 고분들, 그 틈에서 다른 들쥐들과 어울려 쏘다니다가 어느 날 고분을 뚫고 땅속으로 들어가 빛깔도 찬란한 금관 하나 물고 나왔다. 요모조모 아무리 뜯어보아도 머리에 뒤집어쓰는 것이 분명하였다. 그 금관 뒤집어쓰자 그는 곧 제왕이 되었다. 천하가 모조리 그의 발아래 무릎을 꿇었다. 바람도 지나가다가 발길을 멈추었다. 꽃은 오직 그를 위해 아름답게 피었다. 이상한 뿔이야, 저 뿔에서는 신기한 힘이 쏟아져 나와. 도저히 그의 얼굴을 바라볼 수도 없어. 뿔 달린 들쥐의 이야기는 삽시간에 퍼져나갔다. 다리 하나 건너에 고양이 여러 마리 살고 있었다. 소문 듣고 빙긋이 웃으며 입맛을 다셨다. 지가 사슴인가, 뿔은 왜 달고 다녀.

장모님 가신 날

장모님 가시는 날은 곱기도 하다.
타고 남은 뼛가루도 분가루처럼 화사하다.

덜커덩 대문을 열면 먼저 달려오던 숨소리
장 서방 왔는가 고생혔네 어여 들어오게.

마루짱 오르내릴 때마다 삐걱대던 무릎관절
나는 괜찮은 디 먹을 게 없어 어쩐 디야.

하루 종일 꽉꽉대던 시궁창의 오리 거위,
심심하면 짖어내던 누렁이 섬박이,

달 뜨고 해 지던 처갓집의 오만 소리가
한 순간에 고요 속으로 묻혔다.

그물망 속의 물고기

그물망에 갇혀있는 물고기 눈동자에 일몰이 걸린다. 축축한 생각이 만화경으로 떠올랐다가 사라진다. 그물망에 갇혀도 마음은 호수다. 태어날 때부터 자유는 존재하지 않았다. 누군가로부터, 또는 누군가를 향하여 물고기는 항상 갇혀 있었다. 눈동자의 물기가 더욱 촉촉해진다. 생각이 자꾸 늘어난다. 그물망의 정체는 그러니까 너이기도 하고 나이기도 했던 것이다. 언젠가는 나가야할 그물망이 당장은 안식처일 수도 있다. 무덤은 꽃밭이고 어머니의 옥양목 앞치마이다. 탈출을 도모하면서 언제든 반역을 꿈꾸는 현재는 그물망 속이다. 스르르, 어떻게 세상으로 나갈 것이냐. 거기 다시 생명이 과연 있을 것이냐. 그물코를 물어뜯어 구멍을 내놓고도 한참동안 왔다갔다 망설인다. 어차피 달아날 구멍은 준비되어 있다. 그러나 나가지 못한다. 누군가가 등을 떠밀어주길 고대한다. 나가라, 나가라, 더 넓은 저 세계가 너를 기다린다. 하지만 누가 아느냐. 훌륭한 미끼는 언제나 위대한 가치로 유혹하기 때문에 다시는 그 미끼에 말려들지 않기 위해서 고민하고 또 고민한다. 미끼에 걸려 그물망에 갇힌 한 마리 물고기에게 이제 세상의 모든 것은 미끼에 지나지 않는다. 너도 나도 모두가 미끼일 수 있다. 꼬리를 흔들면서 등을 돌린다. 터진 그물망 속으로 세상이 불쑥 들어온다. 아, 그물망 속에 갇혀있는 물고기 눈동자에 황홀한 일몰이 걸린다.

동문서답

예수님의 아버지가 하나님인 거 맞아? 그럼, 맞지. 마리아가 하나님하고 결혼했어? 마리아는 요셉과 결혼했지. 그럼 예수님 아버지는 요셉이잖아? 예수님은 하나님 아들이야. 마리아가 요셉과 결혼했다면서? 그래. 어떻게 다른 사람의 아이를 낳아? 하나님은 전지전능하신 분이야. 마리아의 몸을 빌려 예수님을 잉태시킨 거지. 결혼도 안 한 사이인데 어떻게 아이를 낳을 수 있어? 응, 그런 게 있어. 그런 거라니? 넌 아직 이해 못해. 엄만 말귀를 못 알아들어!

신은 간음을 통해 아들을 세상에 내려보냈고, 그 아들은 바람대로 무너져가는 세상을 구했다. 세상의 평화는 간음이라는 길을 통해 왔으니 간음이야말로 가장 신성한 구원의 통로이다.

| 제3부 |

미루나무

뱀과 자유

비행기는 땅으로 달리지 못한다
기차는 철로를 벗어날 수 없다
버스는 골목길로 달릴 수 없다
유람선은 물길을 떠나지 못한다

허공에서 내려다보는 세상의 아름다움도
기찻길 옆 추억 같은 오막살이집도
고속도로의 빛나는 속도도
그리고 끼리끼리의 오붓한 공간도

골목길에서는 만날 수 없다
논둑길에서는 보이지 않는다
몸 하나 겨우 빠져나갈만한 숲속
오솔길에서 뱀은 자유롭다

새장이거나 세상이거나

서정춘 시인의 '새장 앞에서' 라는 시를
'세상 앞에서'로 내보내고 말았다
'위성'이 '외상'이 되면서
지구를 벗어나 버린 것이다
서정춘 시인 자꾸 입맛을 다시며
그게 더 시 같다 더 좋다 하시더만
읽는 이 두엇도 그냥 두어라 하시더만
이 '새장'과 '세상'의 밑도 끝도 없는 불일치가
일치로 둔갑하는 것이 시였던 것은 아니다
그 거룩한 일치의 위선과 용서는
시의 밖에서 얼마든지 시를 쓰고 있었던 것이며
더군다나
'새장'이나 '세상'이나 도진개진인 것이
생사의 지극히 짧은 사이에서 번득이는
아리송한 시의 숨은 얼굴 아니겠는가

장작불

느낌이 먼저 온다.
가장 강한 것이 가장 먼저 들이닥친다.
끝내 기다리지 못하고 덤빈다..
그냥 덤비는 것이 아니라 온몸을 떨며 덤빈다.
참말로 활활 타버리고 싶을 때 있다.

상봉

아흔 셋의 빛나는 나이에 새색씨 같은 고운 얼굴을 하고 외할머니 마침내 눈을 감으셨다 이팔의 꽃다운 나이에 딸 하나 남기고 떠난 첫사랑이 못내 그리워 기저귀를 차고도 머릿결만은 매일 아침 단장하셨다. 방바닥을 기어다니면서도 마지막까지 청소하고 빨래하고 더위에 지친 막내아들 냉수 한 사발 챙기다가 그 길로 혼절하시었다.

메가시 가 봐라. 메가시 가 봐. 어쩌다가 외가댁 대문을 밀고 들어서면 부엌문 앞에서, 우물가에서, 혹은 마루끝에서, 놀러나간 동갑내기 삼촌부터 챙겨주신 외할머니, 오늘 당신이 그 메가시에 새로 지은 납골당에 안치되시었다. 호시절 다 보낸 소나무들도 겨울처럼 뎅그러니 서 있었다.

재혼하여 얻은 자식이 주르르, 그 밑으로 손주들이 수십. 증손들이 헤아릴 수 없는데, 두고 온 자식이었던 내 어머니는 재가 된 할머니의 썩은 가슴을 몇 번이고 다시 열어보신다. 당신의 재가 된 가슴과 별로 다를 것이 없다

신다. 천애고아로 팽개쳐진 딸자식과 그 자식으로 평생 썩은 가슴이었던 두 분의 기가 막힌 상봉이었다.

알 수 없는

그대의 마음은
귀신도 알지 못한다.
그대는 신조차도 우롱하며
끝없는 하늘을 난다.

오라 하지 않아도 가야한다.
봄은 꿈처럼 출렁거리고
그대의 그림자 눈앞에 있다.

그러나 매번
그 얼굴 볼 수도 없고,
그 소리 들을 수도 없고,
그 냄새 맡을 수도 없다.

새벽에 쫓겨
귀신들이 울고 간다.

울음소리가 자꾸 자란다.
한낮에도 멈추지 않는다.

늙은 호랑이의 칼

호랑이들이 많이 사는 땅이 있었다. 땅덩어리도 호랑이 형상이었다. 토끼도 있었고, 사슴도 있었고, 강아지 돼지도 더불어 살았다. 호랑이들 어릴 적엔 고양이만도 못하긴 했으나 새끼호랑이는 청년호랑이로 무럭무럭 자라곤 했다. 호랑이들은 저마다 사이가 좋을 때도 있었다. 담배도 나누어 피우고 곶감도 힘을 합쳐 물리쳤다. 토끼, 사슴, 강아지, 돼지도 사는데 별 문제가 없었다. 적어도 가난할 때에는 그랬다.

그런데 문제가 생겼다. 호랑이들의 숫자가 너무 많아지면서부터이다. 아니면 세상이 변해 먹을 것이 많아지면서부터이다. 고양이만 할 때에는 곡류를 먹어도 잡풀을 먹어도 생선을 먹어도 되었다. 새끼호랑이로 자랐을 때에도 별 차이는 없었다. 이때에는 토끼, 사슴, 강아지, 돼지도 살만 하였다. 그런데 청년호랑이가 많아지면서 힘겨루기가 시작되었다. 그러나 호랑이들 사이에 육류 섭취는 불법이 된지 오래였다. 육류 섭취는 너무 강력한 호랑이를 만든다는 것이었다. 고기를 먹지 않는 호랑이가 착하고 자연스러운 호랑이라는 것이다. 그러나 호랑이는 고기를 먹지 않고서 하루를 살 수가 없었다. 그러니까 청년호랑이들은 아무도 몰래 육류를 즐겼다는 것이 토끼, 사슴, 강아지, 돼지들의 개체 수 감소로 알 수 있었다. 이런 사실을 모르는 호랑이는 아무도 없었다.

천하를 호령하던 청년호랑이가 늙은 호랑이가 되었다. 이빨도 빠지고 발톱도 빠지고 목청도 죽어버렸다. 왕년에 빛이 났았던 젊은 호랑이들이 이 틈을 놓치지 않았다. 고기를 먹었으니 당연히 벌을 받아야 한다는 것이다. 젊은 호랑이들이 한데 뭉쳐 늙은 호랑이를 다그쳤다. 고기를 먹다니, 호랑이가 고기를 먹다니, 젊은 호랑이들의 판결은 늙은 호랑이의 가죽을 벗겨 마을 앞에 걸어놓자는 것이었다.

막다른 골목으로 몰린 늙은 호랑이가 마침내 숨겨둔 칼을 빼어들었다. 어떤 호랑이든 깊숙이 갖고 있는 칼이었으나 쉽게 빼들지는 못했었다. 늙은 호랑이 칼을 빼어들어 허공을 찔렀다. 마구 찔렀다.

결혼을 꿈꾸는 여자

엄마가 되어서도 결혼을 꿈꾸는
여자 있다.
결혼은 현실이 아니라 꼭 꿈인 것이라고
자나 깨나 곱씹는 여자 있다.
꿈속의 꿈은 더 아름답다,
갈 수 없는 나라는 죽을 때까지 신비롭다,
그 여자 밥상 차리면서도 꿈을 꾸고,
아이 숙제 도와주면서도 꿈을 꾸고,
남편 출근길 배웅하면서도 꿈을 꾸고,
눈만 뜨면 허구헌날 결혼을 꿈꾸는
여자 있다.
하늘은 언제나 에메랄드빛이고
땅은 언제나 황금빛이다.

나는

그때 나는 내가 아니었다.
혹은 지금의 나는 내가 아니다.
어딘가에 있을 나는
나도 모르는 곳에 숨어있다.
가끔 불쑥불쑥 모습을 드러냈다가
순식간에 그림자도 없이 사라진다.
동쪽, 아니면 서쪽으로 사라진 날도 있었다.
산, 아니면 강으로 사라진 날도 있었다.
노래, 혹은 고함을 치기도 하고
춤, 혹은 발광을 하기도 하면서
그러다가 바람처럼 사라지곤 했다.
그때 나는 분명 있었다.
혹은 지금 나는 여기에 분명히 있다.
어쩌면 나는 언제나 있었고
어쩌면 나는 어디에나 있기도 하다.
나는 나를 잘 알기도 하면서

혹은 나는 나를 참 알 수 없.는
이 황당한.

조弔

영혼이 떠나면 빈 육체 인적 드문 들판에 버렸다. 비와 바람과 서리에 맡겨 살점 모두 사라지고 앙상하게 뼈만 남으면 비로소 항아리에 거두어 집안에 곱게 모셔두었다. 아주 옛날의 일이었다.

홀어머니 죽자 동네사람들 어김없이 먼 들판에 버려두고 돌아왔다. 혼자 된 아이는 그 밤 잠을 이룰 수가 없었다. 비와 바람과 서리는 두렵지 않았다. 문제는 어두운 들판을 헐떡이며 돌아다니는 들짐승들이었다.

참을 수 없었던 아이는 그 밤 돌멩이를 가득 들고 들판으로 내달렸다. 내 어머니, 어머니를 건들지 마라. 분노에 찬 아이의 고함소리가 들판을 뒤흔들었다. 달려드는 들짐승들과 사투를 벌이던 그의 온몸이 무너지기 시작했다.

몽롱해지는 정신 속에서도 아이는 천지를 가득 메우는 고함소리를 들었다. 난무하는 돌과 화살(弓)이 들짐승들을 향해 날아가는 것을 보았다. 아침이 올 때까지 동네 사람들(人)은 아이의 곁을 떠나지 않았다. 새로운 장례의 식(弔)은 이렇게 시작이 되었던 것이다.

* 조弔 자는 사람 인人 자와 활 궁弓 자를 합쳐 만들었다고 한다.

동이東夷

동이東夷가 무어냐 물었더니 오랑캐 이름이란다. 우리 민족의 이름이 아니더냐, 물었더니 중국민족에겐 우리가 오랑캐란다. 그럴 법하다.

사람의 옆모습을 본따서 인人자를 만들었다. 사람에 관한 글자는 모두 이 인人자를 포함하게 되었다. 그러나 동질의 사람으로 함께 취급하기엔 차마 불경스러운 사람들이 있었다. 그들을 숭배해 두 팔 벌린 큰 대大자를 따로 만들었는데 이 큰 대大자를 아무에게나 쓰지는 못했다.

동방에 존경스러운 위대한(大) 민족이 있었다. 게다가 활(弓) 쏘기는 귀신보다 나아 두려웠다, 두 글자 합쳐서 이 글자를 만들었을 법한데,

누구였을까, 민족의 자존심을 일시에 팔아먹고 오랑캐가 되어버린, 조상의, 조상의, 조상의, 거룩한 조상의,

* 이夷 자는 대大 자와 궁弓 자를 합쳐 만들었다고 한다.

미루나무

맑은 하늘을 쓰다듬으며 꿈처럼 출렁거린다.
황홀한 출렁임 속으로 잊혀진 얼굴들이 떠오른다.
닫혀진 세상이 슬그머니 미닫이문을 열고 있다.
새들은 빛나는 하늘을 무료하게 비행하고,
가로등은 짧은 목을 빼고 어둠을 기다린다.
금강석보다 더 반짝이는 떨림을 뚫고,
바다보다 더 깊은 어머니의 자궁은 살아온다.

태초에는 없었다

태초에는 없었다. 빈 공간에는 모래만 날아다녔고, 세상은 죽음 같은 고요로 숨조차 쉬지 못했다. 이 어두운 적막을 어루만지며 어머니처럼 한 줄기 물이 흐르기 시작했다. 그 손끝에서 풀은 자라기 시작하여 나무가 되고, 고요히 흔들리는 나뭇잎은 무수한 벌레들을 끌어들였다. 꽃이 피기 시작하고, 새가 날기 시작하고, 다람쥐가 달리기 시작하면서, 생명은 생명으로 하여 또 다른 생명을 창조해냈다. 거룩하게도 신은 이 아름다운 자연을 빚어내며 노래를 부르곤 했다.

태초에는 없었다. 태초에는 사람보다 먼저 자연이 있었다. 생명은 또 다른 생명을 갈구하며 아름답게 살았다. 생명은 생명끼리 어울리며 어루만졌다. 바람이 불면 함께 누웠다. 비가 오면 더불어 나무 밑을 찾았다. 생명은 생명끼리 충돌하였으나 복수하지 않았다. 삶도 죽음도 자연이며 운명이었다. 아무도 거스르지 않고 대항하지 않았다.

마지막에 사람이 있었다. 모든 생명의 마지막에 그는 서서 영원이라는 집을 만들어 스스로 신이 되었다. 그를 만든 신처럼 그도 아름답고 거룩하고 싶었다. 이 자연의 건강한 하모니 앞에서 그는 총칼을 들고 군림하기 시작했다

죽은 시의 나라 · 1

한밤 골짜기에 귀신들이 모였습니다. 잘난 귀신 못난 귀신 스타귀신 걸레귀신 할 것 없이 모두 모여 재미있게 놀고 있습니다. 신이 나게 떠들고 자랑하고 노래 부르고 춤을 추고 난리 법석이었습니다. 그러자 세상이 온통 들썩거렸습니다. 아니, 적어도 그들은 분명히 그들로 인해 세상이 들썩인다고 믿었습니다.

그들의 발아래에서 새들은 곤한 잠을 자고 있었습니다. 그들은 아무 것도 눈치 채지 못하고 새벽까지 결코 눈을 뜨지 않았습니다. 네 발 달린 짐승들도 그 골짜기에 저희끼리 모여 있었습니다. 그들은 그들 나름대로 새로운 반역을 도모하는 중이었습니다. 그들의 반역은 대부분 무모한 것이었지만 성공하든 실패하든 귀신들의 일과는 전혀 무관한 사항이었습니다.

새벽과 함께 건너편 골짜기로부터 나그네 장작 패는

소리 들려올 즈음에 귀신들은 제풀에 지쳐 하나둘 제 갈 길로 흩어졌습니다. 새들이 노래를 시작하고 짐승들이 밥벌이를 시작할 즈음에 귀신들은 머쓱해진 얼굴을 하고 자신들의 초라한 모습을 돌아보면서 발길을 재촉했습니다. 살아서 귀신과 함께 춤출 수 있는 생명은 어디에도 없었던 것입니다

죽은 시의 나라 · 2

허공에 떠올라서 공허를 즐깁니다.
고층아파트의 꿈은 착륙이 없습니다.
이미 교회의 첨탑 끝 십자가를 훌쩍 넘어선
무모한 상승은 아직도 욕심껏 비행 중입니다.
무엇이 불안하냐, 공포 속에서 되묻습니다.

얼굴이 없는 위대함은 무지에서 기인합니다.
절대적 한계 이상은 신을 위해 마련되어 있고
절대적 한계 이하는 인간의 몫이라 억지를 써서
아무렇게나 몸마다 위대성이 딱지 붙어 있습니다.
아는 것이 힘이다, 외쳐본들 우물 안 개구리지요

지랄

죽은 날의 아침을 꿈꾼다.

모든 것이 죽은 날 거울을 보며
죽은 것들을 추억한다.

해가 뜰 리 없는 아침에도
새벽은 어둠을 향해 변함없이 은근하다.

모든 의미는 의미 없음이 옳다.
모든 그대는 그대 아님이 옳다.

이승과 저승의 경계에
사랑은 허구로 서있는 그림자이다.

꽃은 시들어도 꽃이다

어머니가 가꾸시던 장독대 옆 꽃밭에는
나리와 채송화가 가장 실속 있게 피어서
여러 봄을 꼭 뱀하고만 놀았다.
겁 없이 함부로 피지 않고서는
꽃이라 말하지 마라

예쁜 그녀의 손에는 늘 꽃이 들려 있었다.
저 아름다운 손도 봄이면 봄마다 꽃을 꺾었으니
세상은 선혈이 낭자한 핏덩이로 가득하였다.
우지끈 목이 꺾여보지 않고서는
꽃이라 말하지 마라.

누이가 밤새 묶어둔 손톱 끝에는
피보다 붉은 봉숭아 꽃물이 들어서
세상 온 잡놈들 가슴팍을 긁어댔으니
아, 저 핏물 든 몸뚱아리, 소름끼치는 몸뚱아리.

꽃이 죽어 다시 꽃으로 피지 않으면
꽃이라 말하지 마라.

꽃은 시들어도 꽃이다.

서울아리랑

서울은 어디로 가고 있는 것이냐
아리랑 쓰리랑 꼬부랑 할미랑
고개 없는 고개 아흔아홉 고개 넘어넘어
북망산 가는 것이냐 정녕 가고 있는 것이냐
천지에 널린 망우리 엎어지며 뒤집어지며
홀린 듯 미친 듯 산 듯 죽은 듯 가고 있는 것이냐
유년의 총탄은 아직도 가슴에 박혀있고
청춘은 자본으로 자유로 바다를 넘나들고
황사는 쇳가루 싣고 밤낮으로 불어제끼는데
밀려도 더 이상 갈 곳 없는
고개고개 넘어넘어 신발짝 끌고
서울은 어디로 가고 있는 것이냐
떠나기 전에도 없었던 자리 연신 뒤돌아보며
저 허망한 문명의 진흙탕이여
오염된 역사의 갯펄이여
버드나무 가지 하늘거리는

수묵의 썩은 지폐를 배경으로
떠나는 것들의 삭은 분노가 만들어내는
저 암울한 일몰
서울은 어디로 가는 것이냐
가고 있는 것이냐

내장산 호박엿장수

그 남자 하얀 망사 스타킹을 신었다. 그 위로 보일락말락한 스커트 걸치고, 그 위로 뽕을 넣은 브래지어 둘러매고, 빨간 입술에 숙녀용 모자도 뒤집어쓰고, 막춤인 지 엿춤인 지 그럴싸하게 몸을 흔들어댄다. 허공아 찢어져라 춤을 추는 가위질.

내장산 호박엿은 만병통치약, 내장산 호박엿은 천하제일 정력제. 남녀노소 따로 있나 시어미도 며느리도 호박엿 한 판이면 만사 오우, 오우케이. 가위질 따라 품바타령 풀어져 나오면, 우뢰 같은 박수 소리도 터져 나오고, 여지없이 야하고 구수한 입담도 쏟아져 나온다.

비 오듯 흘러내리는 땀을 닦는 그 남자, 엿판 앞으로 몰려드는 손을 밀어내며 비죽이 입술 내밀고, 엿 자르는 것은 내 맘이고만. 엿장수 맘이고만. 니는 것도 모르나?

| 제4부 |

존재세

결

반도를 통째로 은은히 흐르는 강
아무도 보지 못하고 아무도 찾지 않는다.

그 강물 따라가다 보면 남북이 만나고
동서가 만나고 흑백이 만날 법도 한데

짱돌을 팔아도 파는 대로 금덩어리 되고
흙을 집어 팔아도 파는 대로 먹을거리 되고

흐르는 물만 마셔도 생명수가 될 법 한데
상상만 하여도 아름다운 꿈이 될 법 한데

실은 그 강 죽어도 얼굴을 내밀지 않고
꼭꼭 숨어서 번갯불 되고 천둥소리 되고 있다

하회마을

하회는 아직도 있으나 마을은 없더라
탈춤은 신명나게 풀어져도
어딘지 화석 속의 그림과 같고
강물은 묘한 웃음 흘리며 흘러가더라

자본의 속성을 네가 아느냐
반가의 아랫도리에서 멱을 감던 하얀 백성들이여
흔적 없이 사라진 저승에서조차도
그대들은 아직 쌍놈이구나

햇빛은 변함없이 반짝이고
죽었던 땅에도 생명은 거침없이 돋아나는데
도금된 고대광실의 영광스러운 주춧돌 아래로
혹시 티 한 점 없는 누군가의 하얀 피
흐르고 있지는 않느냐

그녀의 코

그녀는 얼굴을 보여주지 않는다.
낮에도 밤에도 코만 내놓고 산다.
나는 그런 그녀와 술을 마실 때에도
오로지 코로만 이야기를 해야 하고
나의 코 역시 최대한 무속적이 되어야 한다.

코를 벗어나면 그녀는 모두 살비듬이다.
나는 일찌감치 통째로 살비듬이어서
우리는 소주잔에 살비듬 풀풀 날리며
무슨 말인지도 모르는 소리로 떠들어대고
틈만 나면 역겨운에 구역질을 하기도 한다.

그녀의 코가 쫓아가는 길에서만은
나도 그녀도 참 불쌍하게 진지하다
벌름거리는 콧구멍이 아름답다
썩은 세상의 돼지우리에서 우리는 그런대로 행복하다

새 천년의 아침에

문명이 포도주를 마시며 흥청거리는 사이에
종교는 노쇠하여 어린아이가 되어갔다.
인류가 대량으로 학살될 때마다
과학은 포효하며 신이 되었다.

개미에겐 없는 신이 인간에게는 존재했다.
꽃에게는 없는 신이 인간에게는 존재했다.
신들의 왕국은 허공에 새롭게 건설되고
또 하나의 새로운 우주가 탄생하면서
묵은 세계는 실존과 함께 독주를 마신다.

내가 없는 우리의 허상은
네가 없는 우리의 허상은
아직도 태초의 혼돈 중이다.
무지한 질서의 이름으로 난장판은 황홀하다.

동해에서

천년의 바닷가에서
바다와 몸을 섞는 사람들은
말의 의미와 침묵의 의미를 구별한다

질 높은 언어는 자꾸 꽃으로 피어서
눈 뜬 자들을 충분히 현혹시킨다
그러나 말만을 알아듣는 사람들에게
침묵은 이방인의 부호일 뿐이다

줄거리가 변하지 않는
짜고 매운 겨울이야기가
오늘도 봄처럼 팔랑거리며
순이는 전설의 꽃무덤 속에
성숙한 젖가슴을 파묻는다

말로 앞설 수 있는 것은
단말마 비명 뿐이다

저녁의 생각 · 1

책상 위에 파리 한 마리가 뒤집어져 있다.
그는 간간이 몸부림을 친다.
그가 비벼대는 다리들이 현란하다.
그의 상승을 위한 날갯짓이 요란하다.
고요한 방안이 그의 필사적인 몸짓으로 들썩인다.
그러나 그의 날갯짓은 상승을 위하여만 존재한다.
평소 그가 하강을 위한 날갯짓을 연습했더라면
그는 무사히 이 위기를 넘겼을 것이다.
가만히 지켜보는 나는 오늘 그에게 신이다.
가만히 몸을 뒤집어만 주면 살아날 것도 같은데
나는 결코 그런 생각을 하지 않는다.
오늘 그에게 신은 없다.

저녁의 생각 · 2

죽은 역사도 살아서 변한다.
살아있는 역사야 두 말 하면 잔소리다.
탄알로 반죽한 먹물이 핏빛으로 종이를 물들인다.
보아라, 저 붉은 사연과 사랑과 사유 속에
꿈틀거리는 내 핏줄들의 빛깔 없는 해골들
미래는, 행복한 미래는 결코 오지 않는다.
미래의 얼굴은 현재의 부질없는 꿈의 잔상이다.
피로 이어지는 인류의 생명은
피의 확인으로 더욱 강해지겠지만,
어떤 가치도 의미도 이미 얼굴을 잃었다.
오로지 살아있는 그대의 가슴에서
오늘도 뛰고 있는 심장 하나로 만족하라.
살아있음으로 해서 더욱 지난한 하루여
과거와 미래는 부질없이
오늘의 고독을 더한 고독으로 몰고 간다.

저녁의 생각 · 3

나는 항상 여기에 있고 너는 항상 거기에 있다
나는 너를 만나기 위해 나를 보내고 네게로
너는 나를 만나기 위해 너를 보낸다 내게로
우리들의 만남은 어디에선가
너를 위해 보내는 나와 나를 위해 보내는
네가 만드는 허상이다
항상 여기에 있는 나는 네게로 보낸 나의 허상을 통제한다
항상 거기에 있는 너는 내게로 보낸 너의 허상을 통제한다
허상들은 가끔 벽 속으로 사라지기도 한다
순식간에 하늘로 날아가기도 하고
문득 땅속으로 꺼지기도 한다
나의 허상은 너를 만나 감기에 걸린다
너의 허상도 허상답게 필사의 몸부림이다
가끔 너는 너의 허상을 통제하지 못한다
나도 나의 허상을 통제하지 못할 때가 있다
꽃 피지 않는 허상들의 환각 속에서

마치 꿈처럼 너를 만지며 너와 꿈꾸며
나는 이메일처럼 나를 네게로 보낸다
네가 내게로 보내는 너를
나는 나처럼 본다 읽는다
너의 사랑은 나의 이별이기도 하고
너의 이별은 나의 사랑이기도 하다

저녁의 생각 · 4

숲을 바다라고 하자. 바다를 꽃이라고 하자.
꽃을 벌레라고 하자. 벌레를 호박이라고 하자.

새로운 약속은 언제나 무참하게 학살당하고,
그 무덤 위에서 껍데기 약속들은 승전가를 부른다.

오래 전 자궁 안에서의 내게는 이름이 없었다.
약속이 없었던 시절의 평화는 이제 꿈이다.

혁명은 혁명이 아니고 반역은 반역이 아니다.
진실이 껍데기로 위장되어 있는 한 나 역시 내가 아니다.

숲은 숲이 아니고, 바다는 바다가 아니고,
꽃은 꽃이 아니고, 벌레는 벌레가 아니다.

저녁의 생각 · 5

가끔 시동이 꺼지면 가슴이 철렁 내려앉는다.
간신히 시동이 걸리면 한동안 정상으로 달린다.
불안이 아침 밥상 위의 고깃덩어리처럼 답답하다.
수리하기가 어려우니 웬만하면 그냥 타라 한다.

자동차가 아니고 나이다 그리고 너이다.
그리고 또 씁쓸한 너와 나의 사랑이고 그리움이다.
받을 돈이 넉넉했을 때에는 신명도 절로 났다.
남은 돈이 손에 잡히면서 또 가슴이 철렁 내려앉는다.

고요하고 쓸쓸한 오후에는 웬일인지 화가 난다.
돌아보면 부끄러움이 절반이어 얼굴 화끈거린다.
홀로 기름을 쳐보고, 어림없는 나사도 조여본다.
부서진 너에게로 부서져가는 내가 아득하다.

시는 문자로 벌이는 장난이다

시는 문자로 벌이는 장난이다.
아이들이 가지고 노는 블럭이다.
그러니 마음대로 지껄여도 책임을 물을 수는 없다.
이전에,
아무 거나 잡히는 대로 가지고 놀다가
숱한 명화를 만들어낸 화가들도 있었으니,
문자라고 별 거냐.
가지고 놀다 보면 명품도 나오고
괴상한 자존심도 생기고
신기한 물건도 가끔은 만들 수 있는 것이다.
시는 문자를 가지고 노는 장난이다.
물건이 되느냐 아니냐는
아무도 추측할 수 없고 속단할 수도 없다.
아무도 보는 이 없고
사가는 이 없으므로,
아무도 방해하지 않으므로,

오로지 나만의 세계이고 우주이고 꽃밭이므로,
난장을 만들거나,
엿판을 만들거나,
개판을 만들거나,
상관하지 말지어다.
위대한 개인의, 위대한 아이의,
위대한 장난이므로.

존재세

행복한 이 나라에 사시려면 존재세를 내야 합니다.
존재하는 것만으로도 가치 있는 일이니 인정해야 합니다.
그냥 존재만 하는 사람은 조금만 내어도 됩니다.
하지만 존재에 의미가 있는 사람은 세율이 높아집니다.
남보다 잘난 존재는 잘난 만큼 내야 하고
더 잘난 사람은 더 잘난 만큼 내야 합니다.
존재한다는 사실이 만인에게 빛이 되는 사람은
버는 대로 모두 내야 합니다. 그래야 공평합니다.
싫으시면 존재하지 마십시오.
존재하지 않는 사람에게 물리는 세금은 부당합니다.
그도 어려우면 방법이 되는 대로 이 나라를 떠나십시오.
당신의 존재에 더 좋은 의미를 부여해주는
이 나라는 권력이며, 왕이며, 정말은 신입니다.
당신은 결코 존재하지 않을 수 없으며,
당신의 존재를 지울 수도 없습니다.
사실은 당신은 어디로도 달아날 길이 없습니다.

그것이 바로 당신의 존재이며, 존재가치입니다.
당신의 존재가치는 바로 이 나라의 가치입니다.

알고 보니

나는 그의 두 눈을 동시에 바라보지 못한다. 두 눈을 동시에 보고 있다는 나의 생각은 착각이다. 그가 가까이에 있거나 멀리에 있거나 나는 언제나 그의 한쪽 눈만을 보고 있었다. 그의 오른쪽 눈에 초점을 맞추었다가 즉시 그의 왼쪽 눈으로 초점을 바꾸는 것이 고작이었다.

그러니까 내가 그의 한쪽 눈을 보고 있을 때에는 어쩔 수 없이 다른 쪽 눈을 놓치기 마련이고, 다른 쪽 눈으로 초점을 옮기는 순간 나는 그의 이전 눈을 놓쳐버리게 되는 것이다. 그러니까 내가 그의 한쪽 눈에서 그의 생각을 읽고 있을 때 그가 다른 쪽 눈으로 무슨 생각을 하고 있는지는 알 수가 없었다는 것이다.

정신병동으로 간다

부산은 왜 반도의 끝 부산에만 있어야 하고 서울은 왜 한강변에만 있어야 하나 부산이 어쩌다가 서울이면 안 되는 일이고 서울이 가끔은 부산이면 안 되는 일인가 부산으로 가다가 서울에 와있는 나는 서울로 가다가 부산에 와있는 그대를 만나고 싶다 나는 정신병동으로 간다

너는 왜 꼭 너이어야만 하나 나는 왜 꼭 나이어야만 하나 네가 나일 때도 있으면 안 되는 일인가 내가 어쩌다가 너이면 안 되는 일인가 네가 나이기도 하고 내가 너이기도 하면 나는 끝장인가 인류는 끝장인가 지구는 끝장인가 나 문득 정신병동으로 간다

그것은 왜 꼭 그곳에만 매달려 있어야 하나 아무 데나 붙어 있으면 안 되는 일인가 간단하게 배설하고 손쉽게 어디서나 섹스를 하면 안 되는 일인가 신기하게도 하나같이 고정되어 매사 편리하다는 인간 종족들의 보다 나은 미래를 꿈꾸는 단순무지의 재방송이 황홀하다 나는 정신병동으로 간다

참 평화

빛의 존재를 알지 못하는 이에게 묻고 싶어요. 당신에게 빛은 무엇이고 어둠은 무엇인가요. 당신에게 없는 빛은 그렇다 치고, 어둠은 정말 존재하기나 하는가요. 한밤의 공동묘지를 걸으면 두려운가요. 폐가의 지하실에 갇히면 두려운가요. 그대에게도 유령은 존재하는가요.

빛을 아는 자만이 어둠을 안다면,
산 자의 모습을 본 자만이 유령을 볼 수 있다면,
보는 것이 그대로 유령이 되고,
듣는 것이 그대로 귀곡성이 되고,
아는 것이 그대로 공포의 세계가 된다면,

無音, 無知, 이런 것들이 참 평화이겠네요.
아, 살아있어 두렵군요.

그녀의 마당

그녀의 마당 푸른 잔디밭에는
노-란 들국화 한 송이가 피어 있었다.
벌레처럼 스멀거리며 꽃잎은 떨어지고
떨어져도 끝내 꾸물거리는 푸른 잔디밭 위로
그녀의 알몸도 징그럽게 꿈틀거리고 있었다.
가을이 가던 걸음을 멈추고 기침을 했다.
아, 아산호는 푸른 잔디밭 위에서
노-랗게 노-랗게 출렁거리고
가을은 자지러지며 숨도 쉬지 못하네.
상식도 조화가 되면 더 아름답다.
이 거룩힌 햇빛 아래.
신성한 푸름 위에.

|해설|

문학의 천형天刑, 천형天刑의 문학

고명철 | 문학평론가

선배,

그러니까, 제가 선배와 본격적으로 문학을 매개로 인연을 맺은 지 벌써 십 년이 되어가는 모양입니다. 선배와 함께 한 대학원 시절로 거슬러 오르면 이보다 많은 시간이 흘렀지만, 선배가 문학계간지 ≪리토피아≫를 창간하게 되었다면서, 제게 함께 계간지를 만들자는 제안을 한 이후 편집위원으로서 문학적 인연을 맺었습니다. 이후 숱한 우여곡절을 겪었습니다. 기왕 말이 나왔으니 하는 말이지만, 문학잡지를 남보란 듯이 운영한다는 게 얼마나 어려운 일인지 다른 사람들은 잘 모를 겁니다. 매호 문단의 공기公器로서 문학적 쟁점을 제기하고, 좋은 작품들을 발굴하고 섭외하여 잡지에 발표 지면을 제공하는 것은 말처럼 쉬운 일이 결코 아니니까요. 다른 상업 잡지류와 그 성격이 달라 문예지를 팔아 수익을 남기는 것은 꿈에도 꾸지 못할 일이고, 아무리 잘 해도 문학 안팎으로부터의 칭찬은 인색하고, 자칫 조그만 실수(?)라도 있으면, 이곳저곳에서 가차 없이 쏟아지는 온갖 비난과 힐난의 말들 때문에 잡지를 계속하여 발행하는 게 무슨 의미가 있는 것인지, 회의적일 때가 한두 번이 아닐 거라는 생각이 듭니다.

이렇게 잡지의 주간으로서 잡지를 운영하고 편집하는데 이만저만 신경을 쓸 일이 한 두 가지가 아닌데도 선배는 시인으로서 쉼 없이 시작詩作 활동을 해왔습니다. 먼발치에서 지켜보고 있는 후배로서는 선배의 왕성한 문학 활동을 지켜보며 그저 놀라워할 뿐입니다.

이번에도 선배는 신작 시집을 내놓았습니다. 저는 이번 시집에 수록된 시들을 대하면서, 때로는 비평가로서 때로는 후배로서 선배의 시들을 음미하는데, 이번 시들은 그동안 선배가 보였던 시 세계와 크게 격절되지는 않되, 모종의 차이를 보이고 있는 것으로 읽혔습니다. 무엇보다 이번 시집은 선배가 1985년에 《현대시학》을 통해 시단에 입문한 지 25년의 시간이 흘렀음을 웅변해주는 것으로, 이제 시단에서는 중견으로서 확고한 자리를 튼실히 다지고 있는 것으로 감히 평가해봅니다. 그래서인지, 이번 시집은 선배의 그 어느 시집보다 더욱 각별히 다가왔습니다.

저는 선배의 시를 대할 때마다 쉽게 떨쳐낼 수 없는 상념이 있습니다. 글쎄, 뭐라고 해야 할지, 선배의 시를 음미하고 있자면, 어떤 주체할 수 없는 원시 본연의 욕망이 시의 심연에서 꿈틀거린다고 할까요("참말로 활활 타버리고 싶을 때 있다."—「장작불」 부분). 그 누구도, 심지어 시를 쓰는 시인 자신도 이 욕망을 제어할 수 없어, 차라리 욕망의 자연스런 분출에 시와 시인을 맡겨놓은 듯합니다. 저는 바로 여기서 선배의 시세계를 꿰뚫고 있는 이른바 '장종권 시의 미학'을 훔쳐보곤 합니다. 가령, 다음과 같은 두 시를 비교해보는데요.

아름다운 시는 사람을 먹는다
사람의 피로 시는 진한 꽃을 피운다
아니면 어찌 꽃이랴, 하기에
기운 없는 꽃의 창백함은 고독한 자의 천국이다
아산호 가는 길에 나는 사람을 묻으리라
사람의 피로 아산호를 물들이고
머지않은 날에 선혈이 낭자한 한 송이 꽃
피게 하리라 그대 치마폭에 피게 하리라

—「아름다운 사람을 먹는다-아산호 가는 길 8」 부분

예쁜 그녀의 손에는 늘 꽃이 들려 있었다
저 아름다운 손도 봄이면 봄마다 꽃을 꺾었으니
세상은 선혈이 낭자한 핏덩이로 가득하였다.
우지끈 목이 꺾여보지 않고서는
꽃이라 말하지 마라.

누이가 밤새 묶어둔 손톱 끝에는
피보다 붉은 봉숭아 꽃물이 들어서
세상 온 잡놈들 가슴팍을 긁어댔으니
아, 저 핏물 든 몸뚱아리, 소름끼치는 몸뚱아리,
꽃이 죽어 다시 꽃으로 피지 않으면

꽃이라 말하지 마라.

꽃은 시들어도 꽃이다.

—「꽃은 시들어도 꽃이다」 부분

「아름다운 사람을 먹는다」는 선배의 시집 『아산호 가는 길』(2002)에 수록된 시이며, 「꽃은 시들어도 꽃이다」는 이번 시집에 수록된 시입니다. 그런데, 이 두 시는 시간의 간극을 두고 있음에도 불구하고 서로 깊은 연관을 맺고 있습니다. 그것은 에로티즘의 미학을 공유하고 있는 것으로, 바타이유의 말을 빌리자면, 에로티즘은 '죽음을 파고드는 사랑'이기에, 이 두 시에는 죽음을 통해 죽음을 넘어서는 사랑이 꽃으로 표상되고 있습니다. 저는 선배님의 이러한 시적 특질에 대해 다른 지면에서 "장종권의 에로티즘에는 불멸의 삶에 대한 사랑보다 계속하여 소멸해가고, 떠나가며, 스러져가는 도정에서 피어나는 사랑의 심상이 지배적이다. 여기서 중요한 것은 그의 에로티즘에는 '갱생'을 위한 '죽음'의 파토스가 짙게 그늘을 드리우고 있다는 사실"(「아산호의 마법, 그 성속일여의 세계」, 『'쓰다'의 정치학』, 새움, 2002, 329쪽)이라고 적시한 것을 기억합니다.

이번 시집에서도 이 에로티즘의 미학의 골격은 선배의 시를 이루는 자양분이라고 저는 생각합니다. 「꽃은 시들어도 꽃이다」의 누이는 손톱에 "피보다 붉은 봉숭아 꽃물"을 들이기 위해 "봄이면 봄마다 꽃을" "우지끈" 꺾습니다. 봉숭아의 목을 꺾는, 봉숭아를 죽이는 행위를 통해 누이는 봉숭아가 지닌 아름다움을 자신의 손톱으로 전이시키면서, 봉숭아를 되살려냅니다. 말하자면, 누이의 행위는 봉숭아의 숨겨진 아름다움을 세상에 개진하기 위한, 봉숭아의 미를 현현하기 위한 미적 통과제의를 실행하는 것과 다를 바 없는 것이죠. 즉, 누이는 봉숭아의 죽음을 파고드는 사랑을 미적으로 수행하고 있는 셈입니다. 하여, "세상 온 잡놈들 가슴팍을 긁어"대는 미의 마법을 소유하겠죠!?

그렇습니다. 어느 시인인들 자기만의 '미의 마법'을 욕망하지 않는 자가 있을까요. 시인으로서 '좋은 시'를 쓰고 싶으며, 그 '좋은 시'가 자연스레 '미의 마법'을 갖고, '미의 마법'은 또 '좋은 시'를 쓰게 하는 것은 자명한 일입니다. 저는 이번 시집에 수록된 시들 중 다음의 시를 대하면서,

25년의 시력詩歷을 지닌 선배의 시에 대한 입장을 곰곰 숙고해보았습니다.

서정춘 시인의 '새장 앞에서'라는 시를
'세상 앞에서'로 내보내고 말았다
'위성'이 '외상'이 되면서
지구를 벗어나 버린 것이다
서정춘 시인 자꾸 입맛을 다시며
그게 더 시 같다 더 좋다 하시더만
읽는 이 두엇도 그냥 두어라 하시더만
이 '새장'과 '세상'의 밑도 끝도 없는 불일치가
일치로 둔갑하는 것이 시였던 것은 아니다
그 거룩한 일치의 위선과 용서는
시의 밖에서 얼마든지 시를 쓰고 있었던 것이며
더군다나
'새장'이나 '세상'이나 도진개진인 것이
생사의 지극히 짧은 사이에서 번득이는
아리송한 시의 숨은 얼굴 아니겠는가

—「새장이거나 세상이거나」 전문

저는 이 시를 읽으면서 어찌나 시적 상황이 재밌던지

한바탕 웃고 말았습니다. 잡지 편집자로서 선배의 고충이 먼저 떠오르면서, 분명, 편집자가 대단히 큰 사고를 쳐, 원래의 시가 크게 훼손되었음에도 불구하고 정작 시인 당사자는 오히려 편집자의 실수로 발표된 자신의 시가 "더 시 같다 더 좋다"라는 반응을 보입니다. 이 어처구니없는 잡지 편집의 해프닝을 통해 선배는 시의 비의성秘儀性을 예리하게 포착해냅니다. '새장'을 '세상'으로 바꿔놓음으로써, '새장'과 '세상' 사이에는 각 단어가 내포하는 시인이 애초 품었던 시상詩想 사이에 큰 간극이 존재하는 것은 사실이되, 일단 시인의 손을 떠난 이상 알 수 없는 세상의 어떤 움직임에 의해 애초 시인의 시상은 순간 전혀 다른 것으로 바뀌기도 한다는 점입니다. 이를 두고 선배는 "생사의 지극히 짧은 사이에서 번득이는/아리송한 시의 숨은 얼굴 아니겠는가"라고 시의 오묘한 그 무엇을 포착합니다. 서정춘 시인도 인정했듯이 말이죠.

저는 여기서 이런 생각을 해봅니다. '새장'을 '세상'으로 바꾸는 게 단순한 실수일까. 그래서 선배가 새롭게 발견하듯, "아리송한 시의 숨은 얼굴"을 어떻게 하다보니, 우연히, 의도하지 않게, 포착한 것일까.

어두운 도시의 골목길을 달리고 있었다.
누군가 끝없이 쫓아오기는 하지만
나는 꿈속에서도 항상 안전하다고 믿는다.
나는 꿈속에서 결코 죽는 일이 없었다.
나는 꿈속에서 결코 독사와 만나는 일이 없었다.
나는 내 꿈을 만들어간다고 스스로 믿는다.
잠을 자다가도 꿈을 만나면 나는 이성적이 된다.

—「비몽사몽」 부분

시적 화자인 '나'는 매우 완강히 주장합니다. 꿈속에서도 "나는 이성적이 된다."면서, 꿈 속 세계를 '나'의 이성으로 제어하려고 합니다. 무의식이 활개를 치면서 의식을 변주하여, 꿈의 주관자인 '나'의 마음대로 안 되는 게 꿈인데, '나'는 꿈속 세계를 '나'의 이성적 의지로 주관하려고 합니다. '나'의 심적 상태가 이럴진대, 시를 읽고 쓰는 선배의 정신적 행위는 우연한 실수를 자기합리화하지 않고, 그 실수는 실수가 아닌, 선배의 시에 대한 이성적 행위의 산물로 봐야 한다고 저는 생각합니다.

이런 생각이 드는 데에는, 이번 시집에 수록된 시들 중 상당수가, 아니 거의 모든 시가 마치 약속이나 한 것인

양 '~습니다' 혹은 '~다'와 같은 서술형 종결어미의 빈도수가 매우 높게 나타는데, 이러한 서술형 종결어미는 시인이 세계에 대해 어떠한 시적 태도를 취하고 있는지를 보여주는 징표이기 때문입니다. 우선, 세계를 있는 그대로 인식하고자 한다는 점, 뭇 존재의 존재성을 겸손히 헤아린다는 점, '나'의 존재가 어쨌든지 세계에 '있음'으로써 자기인식의 확실성을 보증한다는 점 등이 서술형 종결어미의 높은 빈도수로 드러나고 있습니다.

그렇다면, 선배는 이번 시집에서 세계를 어떻게 인식하고 있을까요.

> 과학이 만들어가는 위대한 오르가즘은
> 세상을 바꾸어가는 신기한 장난이 되었다.
> 덧없어라. 조물주의 계산은 도무지 끝이 없구나.
>
> —「오르가즘」 부분

> 나는 여나믄 개의 아이디어를 갖고 있다. 그러니까 비밀번호도 모두 여나믄 개인 셈이다. 내가 기억해야할 숫자의 조합도 그 이상이다. 그만큼 비밀번호도 따로 매달려있는 셈이다. 비밀번호는 나의 밥이고, 옷이고, 집이다. 비밀번호

가 없으면 나도 존재하지 못한다. 컴퓨터도 열지 못한다. 돈도 꺼내지 못한다. 집에도 들어가지 못한다. 그녀를 만나지도 못한다. 그녀를 찾아가는 통로에도 어김없이 비밀번호가 기다리기 때문이다. 숫자가 그녀의 얼굴을 만든다. 숫자가 그녀의 목소리를 만든다. 숫자가 그녀의 향기를 내보낸다. 해서 비밀번호는 나의 목숨이고, 나의 미래이고 나의 그리움이다. 나는 비밀번호에 붙들린 셈이다. 나는 숫자들의 조합에 꼼짝 없이 갇혀버렸다. 하다보니 거꾸로 나 역시 그녀의 그리움 속에 하나의 비밀번호이거나, 하나의 숫자에 지나지는 않는지 궁금해져 버렸다. 뻔뻔한 일이다.

—「비밀번호」 전문

환타지에 미친 도시에는 밤이 오지 않는다.

—「호박꽃나라 · 4」 부분

선배는 세계에 대한 조소와 냉소가 버무려진 환멸감으로 가득 차 있습니다. 최첨단 문명의 이기利器들이 쏟아져 나오고, 그 중 IT 기기들의 대활약은 마치 조물주의 현신으로 착각하기도 합니다. 우리들은 첨단의 과학 문명이 만들어가는 황홀경 속에서 일상을 살아가고 있습니다. 하여, 우리들 일거수일투족은 숫자의 배열과 조합으로 이뤄진 각종 비밀번호에 지배당하고 있다 해도 과언이 아닙니다. 말 그대로 개인의 사적 기밀을 최대한 안전하게 지켜주기 위해 고안된 비밀번호야말로 문명인의 일상을 실질적으로 지배하고 있는 감시 통제 기제라는 데 딴지를 걸 자는 없을 터입니다. 그러니 선배는 "비밀번호는 나의 목숨이고, 나의 미래이고 나의 그리움"이라는 시적 진술을 하는 것이죠. 여기에 덧붙여, "나는 숫자들의 조합에 꼼짝없이 갇혀버렸다"는 암울한 현재의 자화상을 인식합니다. 돌이켜보면, 한국사회가 감시 통제로부터 벗어난 적은 단 한 번도 없다고 해도 과언이 아닐 듯싶습니다. 민주화 이전 시대에는 엄혹한 반민주주의적 이데올로기적 국가기구로부터 일상이 통제 감시되었으며, 민주화 이후에는 선배도 위 「비밀번호」에서 적확히 응시하고 있듯, 첨단의 기기문명에 의해 과거와 달리 통제되고 있습니다. 더욱 안타까운 현실은 이렇게 감시통제에 길들여지고 있다는 것 자체를 크게 인식하고 있지 못하며, 온갖 첨단 기기에 의해 만들어지는 환타지에 미쳐 삶의 실재를 망각

하고 있다는 점입니다. 선배는 이러한 지금, 이곳의 묵시록적 현실을 담담히 서술형 종결어미로 응시하고 있습니다.

현실에 대한 비판적 시선은 여기에 머무르지 않습니다. 비록, 서울을 대상으로 하고 있지만, 「서울아리랑」에서는 서울로 표상되는 한국사회 전반의 문제를 우리 고유의 아리랑조調의 묘미에 기대 역사적 통찰을 시도하고 있습니다.

> 서울은 어디로 가고 있는 것이냐
> 아리랑 쓰리랑 꼬부랑 할미랑
> 고개 없는 고개 아흔아홉 고개 넘어넘어
> 북망산 가는 것이냐 정녕 가고 있는 것이냐
> 천지에 널린 망우리 엎어지며 뒤집어지며
> 홀린 듯 미친 듯 산 듯 죽은 듯 가고 있는 것이냐
> 유년의 총탄은 이제도 가슴에 박혀있고
> 청춘은 자본으로 자유로 바다를 넘나들고
> 황사는 쇳가루 싣고 밤낮으로 불어제끼는데
> 밀려도 더 이상 갈 곳 없는
> 고개고개 넘어넘어 신발짝 끌고

서울은 어디로 가고 있는 것이냐
떠나기 전에도 없었던 자리 연신 뒤돌아보며
저 허망한 문명의 진흙탕이여
오염된 역사의 갯펄이여
버드나무 가지 하늘거리는
수묵의 썩은 지폐를 배경으로
떠나는 것들의 삭은 분노가 만들어내는
저 암울한 일몰
서울은 어디로 가는 것이냐
가고 있는 것이냐

—「서울아리랑」 전문

도대체 "서울은 어디로 가고 있는 것이냐/아리랑 쓰리랑 꼬부랑 할미랑"이라고 선배는 '서울아리랑'을 읊조립니다. "유년의 총탄은 아직도 가슴에 박혀있고" "청춘은 자본"의 유혹 속에서 욕망을 불태우고, 시야를 탁하게 하는 황사는 온갖 오염물질을 서울로 퍼나르고, 이러저러한 난개발로 서울로 표상되는 "저 허망한 문명의 진흙탕이여"라고 선배는 한 맺힌 넋두리를 낮게 읊조립니다.

사실, 이번 시집에 수록된 시들 중 「서울아리랑」처럼

노래조調와 같은 시들은(제가 눈이 어두워 모르겠습니다만) 선배의 기존 시에서는 쉽게 볼 수 없던 것으로 생각하는데요. 「호박꽃 이야기」와 「박꽃 이야기」 연작에서 보이는 노래조의 시들은 유년 시절 호박꽃과 박꽃에 연루된 기억을 배음背音으로 하고 있는, 애틋한 그리움이 묻어 있으면서도 말로 다 표현 못할 삶의 서러움이 입가에 나지막한 노래로 맴돌곤 합니다. 그 중 「문 열어라 문 열어라」와 같은 시는 동요풍의 형식을 빌어, 삶과 죽음이 교차하는 제의적 과정을 친밀하게 들려준다.

떠나시기 전 장모님
부지런히 열두 대문을 여셨다.

문 열어라. 대문 하나 열리면
집 나간 손주딸 들어서고
문 열어라. 대문 하나 열리면
십년 만에 먼 나라 둘째딸 들어서고
문 열어라. 대문 하나 열리면
삼년 송사 꿈인 듯 마무리 되고
문 열어라, 대문 하나 열리면

풍년 나락가마니 폭포처럼 쏟아지고
문 열어라, 대문 하나 열리면
돌아가신 장인 어르신도 불쑥 들어서고
문 열어라, 대문 하나 열리면
그 옛날 부끄러운 당나귀 가마꾼도 들어서고
문 열어라, 대문 하나 열리면
당신의 하염없는 다듬이 소리도 들려오고

문 열어라. 문 열어라.
열두 대문 모두 활짝활짝 여신 장모님
귀 먹고 말 못하는 막내아들 손 붙잡고
팔순의 무거운 눈 내려감으시다

당신이 여신 열두 대문 다시는
열리지 말라 열리지 말라 빗장 지르시고는
휘파람 날리며 바람처럼 사라지시다

—「문 열어라 문 열어라」 전문

시의 리듬은 매우 단출합니다. 하지만, 여기에 담긴 선배의 시적 의도는 그리 간단하지 않습니다. 시는 장모의 임종 장면을 담아내고 있는, 죽음의 문턱으로 들어서고 있는 대단히 무겁고 엄숙한 풍경을 보여주고 있습니다. 그런데, 선배는 이 무겁고 엄숙한 풍경을 동요풍의 단출한 리듬과 가락을 통해 최대한 가벼우면서도 친밀한 풍경으로 전도시키고 있습니다. '문 열어라. 대문 하나 열리면' 이라는 반복 어구를 통해 장모의 죽음을 우리의 일상 속 친밀한 풍경의 하나로 전도시키고 있습니다. 열두 개의 문이란, 장모의 신체가 바깥과 통하는 열두 개의 구멍인바, 장모는 그 열두 개의 구멍이 모두 활짝 열리는 시간 속에서 이승과 이어진 삶의 끈을 놓게 됩니다. 하나하나 문을 열면서 장모는 살아 있을 적 당신과 인연을 맺었던 일들과 사별死別합니다. 장모가 지닌 신체의 열두 개의 구멍을 하나씩 열면서 그는 그 구멍을 통해 죽음을 맞이하고 있는 겁니다.

선배는 삶과 죽음이 교차하는 이 풍경을 동요풍으로 부릅니다. 이 역시 삶의 또 다른 우리가 외면해서는 안 될 친밀한 풍경 중 하나이며, 가장 순정적 아름다운 삶이 자연스레 드러나는 시간입니다.

선배,

저는 「문 열어라 문 열어라」를 소리 내어 읽어보았습니다. 25년의 시력을 쌓은 선배의 시가 이토록 절창絶唱일 수 있을까, 하고 잠시 허방에 시선을 두었습니다. 시구 하나하나가 기이하지 않되, 언제부터인가 우리 시에서 가뭇없이 소멸해가는 내밀한 율격이 편하게 녹아들어 있어, 삶과 죽음이 교차하는 비의적 순간을 매우 친밀한 우리의 일상으로 담아내는 것이야말로 이번 선배의 시집에서 손꼽아야 할 '좋은 시'라고 저는 감히 얘기해봅니다.

끝으로, 저뿐만 아니라 선배의 시를 읽는 이들에게 화두처럼 던져진 시를 소개해볼까 합니다. 만일 다음의 시를 축자적逐字的으로 해석하는 이들이 있다면, 정말 어처구니없는 일이 아닐지 모르겠습니다. 아니, 어쩌면 그 또한 선배와 저 같은 문학을 천형天刑으로 감내하는 자들이 아파해야 할 문학적 과제인지도 모를 일입니다.

> 신은 간음을 통해 아들을 세상에 내려보냈고, 그 아들은 바람대로 무너져가는 세상을 구했다. 세상의 평화는 간음이라는 길을 통해 왔으니 간음이야말로 가장 신선한 구원의 통로이다.
>
> —「동문서답」 부분

선배,

우리는 문학을 통해 어떠한 간음의 길을 가야할까요. 문득, 문학 자체가 세상과의 간음이며, 그래서 문학은 천형天刑으로부터 벗어날 수 없는 게 아닐까요. 그렇다면, '문학의 천형天刑' 혹은 '천형天刑의 문학'은 간음을 통해 간음의 상처를 치유하는 것일까요.